Warten auf G

Warten auf G

von
Hans von Holt

Etüde im Absurden
Ein Bühnenstück für zwei Personen
Homage an Samuel Becket

Bibliografische Information der Deutschen Nationalbibliothek:
Die Deutsche Nationalbibliothek verzeichnet diese Publikation in der
deutschen Nationalbibliographie; detaillierte bibliographische Daten
sind im Internet über dnb.dnb.de abrufbar.

1. Auflage, 2022
© Hans von Holt, Zürich – alle Rechte vorbehalten.
Herstellung und Verlag: BoD – Books on Demand, Norderstedt
autoren@vonholt.ch
www.vonholt.ch
ISBN 978-3-7562-3263-5

Inhaltsverzeichnis

1. AKT

1.1 HEUTE WIE GESTERN

Leere Bühne. B sitzt auf einem Küchen-Stuhl.

A

Steht oder geht auf und ab.

Was machst Du?

B

Ich sitze.

A

Du sitzt! - Ist das alles?

B

Nein.

A

Und?

B

Ich warte.

A

Und worauf wartest Du?

B

Ich warte auf G.

A

Wer ist G?

B

Ich weiß es nicht.

A

Und trotzdem wartest Du!

B

Ja.

A

Aber warum?

B kehrt den Stuhl um, sitzt rittlings, die Arme auf der Lehne.

B

Ich habe nichts anderes zu tun.

A

Das ist doch kein Grund.

B

Nein.

A

Also warum?

B

Es bleibt nur noch G.

A

Und darum wartest Du?

B

Ich habe gestern auch schon gewartet.

A

Ist das ein Grund?

B

Ich habe vorgestern auch schon gewartet.

A

Das ist kein Grund.

B

Für die meisten Menschen ist das ein Grund.

A

Das musst Du erklären.

B

Das kann ich nicht.

A

Aber Du sagst doch, es ist ein Grund.

B

Ist es auch.

A

Warum?

B

Die Menschen tun, was sie gestern getan haben.

A

Du meinst, sie tun es darum?

B

Ja, darum.

A

Und weil sie vorgestern auch ...?

B

Vorgestern auch.

A

Resigniert

Dann müssen wir warten.

B

Sag ich doch.

Pause. A geht quer über die Bühne. Dreht sich zu B um.

A

Wissen das die Menschen?

B

Wissen was?

A

Dass sie es tun, weil sie es gestern getan haben?

B

Nein.

A

Nein?

B

Nein.

A

Sie wissen es nicht?

B

Nein.

A

Das macht doch keinen Sinn!

B

Auch das wissen sie nicht.

A

Wieso wissen sie das nicht?

B

Weil sie nicht wissen, dass es vorgestern auch keinen Sinn gemacht hat.

A

Und sie wissen nicht, was sie tun?

B

Nein.

A

Das ist doch seltsam.

B

Ja.

A

Wieso wissen sie das nicht?

B

G hat einmal gesagt:
Sie wissen nicht, was sie tun.

A

G hat das gesagt?

B

Ja. Seitdem halten sich die Menschen daran.

A

Aber sie wissen es doch nicht.

B

Das ist ja das Paradoxe daran.
Sie tun es trotzdem.

A

Dann hat man G schon einmal gesehen?

B

Nein.

A

Aber man muss ihn doch gesehen haben,
wenn er das gesagt hat.

B

Nein. Muss man nicht.

A

Verstehe ich nicht.

B

Ist aber einfach.

A

Dann erklär` es mir.

B

Jemand hat einmal gesagt, G hätte das gesagt.

A

Ach so.

B

Ja. So.

A

Und das wird dann einfach so geglaubt?

B

Wenn G etwas gesagt haben soll,
wird es einfach geglaubt.

A

Da kann einfach einer kommen und etwas behaupten.

B

Das war früher so.

A

Da kann einfach jeder? -
Und dann wurde es geglaubt?

B

Nicht jeder. Nur wenn einer von G kam.

A

Und jetzt?

B

Jetzt ist nichts mehr übrig.

A

Was - nichts mehr übrig.

B

Nichts mehr zu glauben übrig.

A

Gar nichts mehr?

B

Nichts. Alles auf-geglaubt.

A

Schrecklich.

B

Warum?

A

Menschen müssen doch an etwas glauben.

B

Warum?

A

Weil sie gestern auch an etwas geglaubt haben?

B

Das ist kein Grund.

A

Vorher war es aber ein Grund.

B

Ich weiß es nicht.

A

‹Ich weiß es nicht› ist kein Grund.

B

Also gut. Kein Grund.

A

Sag ich doch!

B

Ja.

A

Ja.

B

Also warten wir.

A

Auf G.

B

Auf G.

Black

B

Sitzt auf einem Tisch. Der Stuhl steht in der Mitte der Bühne, leer, eine stumme Einladung. A steht am Bühnenrand.

A

Und Du meinst, es stimmt?

B

Ich meine nichts.

A

Aber irgendetwas musst Du doch meinen.

B

Meinen ist wie Glauben.

A

Also meinst Du nichts.

B

Nichts.

A

Weil es nichts mehr gibt.

B

Nichts mehr. Alles auf-geglaubt.

A

Also wartest Du.

B

Ich warte.

A

Wie kannst Du warten, wenn es nichts mehr gibt.

B

Ich warte.

A

Du wartest auf nichts?

B

Ich warte auf G.

A

Wenn es nichts gibt, wie kannst Du auf G warten?

B

Ich warte eben.

A

Aber dann gibt es G nicht.

B

Ich weiß es nicht.

A

G ist nichts?

B

Ich weiß es nicht.

A

Du wartest auf nichts.

B

Ich weiß es nicht.

A

Also warten wir?

B

Warten wir.

B

Steht vom Tisch auf und setzt sich wieder auf den Stuhl. A geht zum Tisch und setzt sich darauf.

A

Warten wir jetzt, weil wir gestern gewartet haben?

B

Nein.

A

Aber wir haben gestern gewartet.

B

Das ist kein Grund.

A

Für die Menschen ist es ein Grund.

B

Nicht für uns.

A

Warum für die Menschen, und nicht für uns?

B

Die Menschen wissen nicht, was sie tun.

A

Und wir?

B

Wir wissen, was wir nicht tun.

A

Also warten wir.

B

Warten wir.

A

Wie gestern.

B

Wie gestern.

A

Auf G?

B

Wir warten auf G.

Black

Tisch liegt umgekehrt auf der Bühne. B sitzt darin. Der Stuhl steht in der Mitte der Bühne leer. A steht links am Bühnenrand.

A

Was tust Du da?

B

Ich sitze.

A

Du sitzt.

B

Ja.

A

Und das ist alles.

B

Nein.

A

Was sonst?

B

Ich warte.

A

Aha.

B

Ja.

A

Hast Du gestern auch schon.

B

Vorgestern auch.

A

Ist das ein Grund.

B

Nein.

A

Vovorgestern auch nicht.

B

Nein. Auch nicht.

A

Und Du wartest einfach.

B

Nein.

A

Aber Du wartest doch?

B

Ja.

A

Aber eben hast Du: Nein gesagt.

B

Ich warte nicht einfach.

A

Also, wie wartest Du dann?

B

Ich weiß es nicht.

A

Also Du wartest ohne Wie.

B

Ich warte auf G.

A

Ohne zu wissen, was Du tust.

B

Ich weiß, was ich nicht tue.

A

Dann warten wir.

B geht zum Stuhl, setzt sich

B

Warten wir.

Black

Bühne ist leer. Nur der Tisch steht wie vorher, darauf in der Mitte eine große blutrote Rose. Der Stuhl steht in der Mitte der Bühne.

A

tritt auf, zu B noch im off auf der anderen Seite.

Hast Du das gesehen?

B tritt von der anderen Seite auf.

B

Nein. Was?

A

Zeigt auf die Rose auf dem Tisch

Das da?

B

Ah. Das.

A

Was ist das?

B

Wie sieht es aus?

A

Wie eine Rose.

B

Vielleicht ist es eine Rose.

A

Was soll es sonst sein?

B

Es sieht sehr nach Rose aus. Wissen wir, dass es eine Rose ist?

A

Was ist es also?

B

Das ist G.

A

G ist eine Rose?

B

Nein.

A

Also G ist keine Rose.

B

Nein.

A

Dann weißt Du zumindest, das G keine Rose ist.

B

Ja.

A

Wie willst Du das wissen?

B

Ich weiß es.

A

Du hast G nie gesehen.

B

Nein.

A

Woher weißt Du dann, dass G keine Rose ist?

B

Wenn G eine Rose wäre, könnte es nicht heißen, dass G etwas gesagt hätte.

A

Stimmt.

B

Von einer Rose wurde das noch nie gesagt.

A

Stimmt.

B

Von einer Rose wurde gesagt, dass sie duftet.

A

Ja.

B

Aber eine Rose hat noch nie etwas gesagt.

A

Nein.

B

Siehst Du?

A

Also ist G keine Rose.

B

Nein.

A

Aber da steht eine Rose.

B

Sieht so aus. Ja.

A

Als wir gegangen sind, war keine Rose da.

B

Nein.

A

Außer uns kam niemand vorbei.

B

Ja.

A

Und jetzt steht eine Rose da.

B

So sieht es aus.

A

Sieht es so aus oder ist es so?

B

Ich weiß es nicht.

A

Es ist also etwas, das aussieht wie eine Rose, und das niemand hierher gebracht hat.

B

So ungefähr.

A

Es könnte auch «keine» Rose sein.

B

Ja.

A

Obwohl es so aussieht.

B

Ja.

A

Und niemand es dorthin gestellt haben kann.

B

Ja.

A

Dann ist es eine «keine Rose».

B

Das ist spitzfindig.

A

«Keine Rose» sieht aus wie eine Rose, niemand hat sie dorthin gestellt, und sie erscheint um ein G wirklicher als G selbst.

B

Es war G.

A

Aber G war nicht da.

B

Woher weißt Du das?

A

Wir hätten G gesehen.

B

Vielleicht.

A

Wir haben G aber nicht gesehen.

B

So wird es sein.

A

Also war G nicht hier.

B

G war nicht hier.

A

Nur die Rose.

B

Oder so.

A

Und jetzt?

B

Also warten wir.

A

Warten wir?

B

Wir warten auf G.

A

Ach so.

Black

Bühne leer, Tisch liegt umgekehrt, B sitzt darin wie in einem Ruderboot. A steht auf dem Stuhl. Hält spähend die Hand an die Stirn, schaut herum, suchend.

A

Ich sehe ihn nicht.

B

Wen?

A

Den Moirolog.

B

Aber ich sitze darin.

A

Du sitzt darin?

B

Ja.

A

Im Moirolog?

B

Ja.

A

Bist Du sicher?

B

Nein.

A

Aber Du hast gerade gesagt...

B

Ich sitze darin. Ja.

A

Wie soll ich das verstehen?

B

DU hast doch den Überblick.

A

Ja. Den Überblick.

B

Und was siehst Du?

A

Vier Beine.

B

Eben.

A

Du meinst, der Moirolog hat vier Beine?

B

Mehr als vier kann er nicht haben.

A

Warum nicht?

B

Mehr als vier verträgt er nicht.

A

Ach so.

B

Also ist es der Moirolog.

A

Weil nur vier Beine ...

B

Kann doch sein.

A

Vielleicht. Kann sein.

B

Also.

A

Und stimmt es?

B

Ich bin nicht sicher.

A

Und was machst Du im Moirolog?

B

Ich warte.

A

Und worauf wartest Du?

B

Ich warte auf G.

A

Ach ja.

B

Ja.

A

Und warum im Moirolog?

B

Weil ich gestern auch schon ...

A

Aber gestern hatten wir keinen Moirolog.

B

Nein.

A

Gestern hatten wir einen Tisch.

B

Stimmt.

A

Also hast Du gestern anders gewartet.

B

Wieso?

A

Nicht moirologisch.

B

Ach so.

A

Das ist ein Unterschied.

B

Warum?

A

Ich weiß es nicht genau?

B

Warum also?

A

Es fühlt sich anders an.

B

Ich bin derselbe.

A

Wie gestern?

B

Wie gestern.

A

Und vorgestern?

B

Vorgestern auch.

A

Klingt das moirologisch?

B

Was ist moirologisch?

A

Woher soll ich das wissen?

B

Ich dachte, Du hast den Überblick.

A

Aber doch nicht moirologisch.

B

Ach so.

A

Ja so.

B

Also wie gestern.

A

Wie gestern.

B

Und vorgestern auch.

A

Vorgestern auch.

B

Sag ich doch.

Black

Der Tisch steht wieder auf den Beinen. Der Stuhl umgekehrt auf dem Tisch, wie beim Saubermachen. B hat einen Wischmob. Licht

A

Was tust Du da?

B

Nach was sieht es aus?

A

Nach sauber machen.

B

Eben.

A

Was eben.

B

Sauber machen eben.

A

Ja, aber warum?

B

Warum machen Menschen sauber?

A

Menschen schon - aber warum Du?

B

Für G.

A

Du machst sauber für G?

B

Für G.

A

Dann kommt G?

B

Vielleicht.

A

Vielleicht!!!

B

Ja, kann doch sein.

A

Du weißt es noch immer nicht?

B

Nein.

A

Und du putzt.

B

Für G, ja.

A

Aber wir haben gestern auch nicht geputzt.

B

Vorgestern auch nicht.

A

Warum dann heute?

B

Weil ich morgen geputzt haben werde.

A

Und darum putzt Du heute.

B

Ich tue, was ich morgen getan haben werde.

A

Aber die Menschen tun doch, was sie gestern getan
haben.

B

Das ist ihre Sache.

A

Also, Du tust es wegen morgen.

B

Auch.

A

Und sonst noch?

B

Wegen übermorgen.

A

Wegen übermorgen. Warum?

B

Weil ich übermorgen morgen geputzt haben werde.

A

Aha. Und das ist alles.

B

Nein.

A

Was denn noch?

B

Warten macht staubig.

A

schaut an sich herab

Ist mir nicht aufgefallen.

B

Man sieht ihn nicht immer.

A

Was? G?

B

Den Staub.

A

Ach so.

B

Aber man spürt ihn.

A

Wir haben schon lange gewartet.

B

Siehst Du!

A

Also müssten wir sehr staubig sein.

B

Darum werden wir morgen geputzt haben.

A

Werden wir.

B

Ja.

A

Und übermorgen werden wir G empfangen haben.

B

Woher weißt Du das?

A

Ich dachte nur ...

B

Denken hilft nicht.

A

Seit wann hilft Denken nicht?

B

Schon immer.

A

Also werde ich nicht mehr denken.

B

Das geht nicht.

A

Wenn es doch nicht hilft.

B

Das ist egal.

A

Wenn es nicht hilft, will ich nicht mehr denken.

B

Du kannst nicht *nicht* mehr denken.

A

Warum nicht?

B

Weil Du gestern schon gedacht hast.

A

Aber ich könnte doch morgen nicht mehr gedacht haben.

B

Eben das geht nicht.

A

Wenn ich morgen etwas nicht getan haben werde, müsste es doch heute weg sein.

B

Du kannst morgen nicht denken.

A

Nein.

B

Also kannst Du übermorgen auch nicht morgen *nicht* gedacht haben.

A

Wieso?

B

Wenn Du morgen nicht denken kannst, kannst Du morgen auch nicht *nicht* denken.

A

Ach so.

B

Eben.

A

Und jetzt?

B

legt den Wischmob weg, nimmt den Stuhl und stellt ihn in die Bühnenmitte,setzt sich darauf

Jetzt warten wir.

A

Warten wir.

B

Auf G.

A

Auf G.

Black

B sitzt am Tisch, hält ein Ei in der Hand und versucht es, zu balancieren, dass es steht. B ist sehr konzentriert. Nach einer Weile kommt A herein.

A

Du wartest nicht mehr?

B

Warum?

A

Du bist beschäftigt.

B

Wie Du willst.

A

Bist Du denn nicht beschäftigt?

B

Vielleicht.

A

Wie soll ich das verstehen?

B

Was ist: Be-schäf-tigt?

A

Ach so.

B

Ja.

A

Oder: Was tust Du da?

B

Ich - balanciere.

A

Im Sitzen?

B

Ja.

A

Aber, wenn Du sitzt, musst Du doch nicht balancieren.

B

Ich balanciere auch nicht mich.

A

Wen denn?

B

Das Ei.

A

Ach so.

B

Ja.

A

Wo kommt denn das Ei her?

B

Vom Huhn.

A

Natürlich vom Huhn!

B

Eben.

A

Ich meine hier.

B

Das Ei kommt immer vom Huhn. Egal wo.

A

Ja, aber hier?

B

Hier auch.

A

Aber wo kommt das Huhn her.

B

Wie immer. Vom Ei.

A

Wo ist dann das Huhn jetzt?

B

Jetzt ist es grade ein Ei.

A

Und Du balancierst das Huhn.

B

Weil es gerade ein Ei ist.

A

Und wenn es kein Ei ist?

B

Dann steht es von selbst.

A

Es steht von selbst?

B

Ein Huhn hat zwei Beine. Das steht von selbst.

A

Aber jetzt hat es keine.

B

Weil es ein Ei ist.

A

Eben.

B

Darum muss ich es balancieren.

A

Wegen der Beine.

B

Wegen der keinen Beine.

A

Ja. Die keinen Beine vom Ei.

B

B zeigt das Ei

Siehst Du das Ovale?

A

Das Ovale kommt aus dem Gackernden.

B

Oder umgekehrt.

A

Ähnlich, wie die Quadratur des Kreises.

B

Aber, das Gackernde ist doch nicht quadratisch?

A

Da bin ich mir nicht so sicher.

B

Ganz sicher. Die Beziehung der Form muss eine
Äquivalenz zum Ursprung haben.

A

Ist jetzt der Ursprung oval, oder hat er zwei Beine?

B

Das ist eine Frage der Balance.

A

Balance wessen?

B

Balance des Eis.

A

Nicht des Huhns?

B

Das Huhn hat zwei Beine.

A

Ach so.

B

Siehst Du?

A

Und was tun wir jetzt?

B

Wir balancieren.

A

Wir balancieren.

Black

B sitzt im Schneidersitz auf dem Tisch. Der Stuhl steht leer davor zum Publikum.

A

Jetzt wartest Du wieder.

B

Ich warte wieder?

A

Ja. Ich sehe es doch.

B

So sieht es also aus.

A

So sieht es aus.

B

Gut. Dann stimmt es.

A

Und Du wartest auf G.

B

Nein

A

Nein?

B

NEIN!

A

Aber Du wartest.

B

Ja.

A

Und auf wen?

B

Ich warte auf C.

A

Auf C?

B

Ja. Auf C.

A

Warum nicht mehr auf G?

B

G ist zu weit weg.

A

Zu weit weg?

B

Ja.

A

Woher weißt Du das?

B

Ich weiß es.

A

Aber G könnte doch nebenan sein?

B

Es gibt kein nebenan.

A

Aber von außen sieht es so aus.

B

Was sieht von außen so aus?

A

Dass es ein nebenan gibt.

B

Es gibt keines.

A

Warst Du dort?

B

Nein.

A

Dann kannst Du es nicht wissen.

B

Ich kann es wissen.

A

Und woher, wenn Du nicht dort warst?

B

Ich weiß es, weil ich es versucht habe.

A

Versucht?

B

Ich kam nicht nach nebenan.

A

Wieso nicht?

B

Weil es das nebenan nicht gibt.

A

Darum konntest Du nicht nach nebenan.

B

Eben.

A

Einen Ort, den es nicht gibt, kann man schwer aufsuchen.

B

Eben.

A

Und jetzt wartest Du auf C.

B

Eben.

A

Warum nicht auf B?

B

Warten auf B?!

Lacht

B bin ich selbst!

A

Eben.

B

Was eben?

A

Du bist keine Frage von nebenan.
Du bist weder Huhn noch Ei.
Du weißt, wenn du eine Rose auf den Tisch gestellt hast.
Du bist heute, du bist du ...

B

Und was willst du damit sagen?

A

Du bist schon da!

B

Ja, und?

A

Dann musst du nicht mehr warten!

B

Bist du sicher?

A

Ja!

B

Gut. Dann kannst DU ja jetzt warten.

A

Worauf denn?

B

Wie du gesagt hast: Warten auf B.

A

Aber du bist doch da.

B

Steht auf, wendet sich zum Gehen.

Dann gehe ich eben. Und du kannst warten.

A

Also warte ich ...?

B

Im Abgehen

...auf B.

Black